JOURNAL

DE

L'OCCUPATION PRUSSIENNE

A LOCHES

DU 5 FÉVRIER AU 8 MARS 1871

PAR

M. Edmond GAUTIER.

TOURS

IMPRIMERIE LADEVÈZE, RUE CHAUDE, 4

1871

TOURS. — IMPRIMERIE LADEVÈZE, RUE CHAUDE, 4.

JOURNAL

DE

L'OCCUPATION PRUSSIENNE

A LOCHES

J'ai tenu note journalière de tous les événements qui se sont passés à Loches, depuis le commencement de la guerre avec l'Allemagne. J'ai assisté à la plupart de ces événements, et j'ai appris les autres, dans leurs plus grands détails, de la bouche de ceux qui en avaient été les principaux acteurs. Je crois donc pouvoir garantir l'exactitude des faits que je raconte.

Je laisse à ce récit la forme de journal, ne voulant rien arranger après coup, ni affaiblir l'impression du moment.

J'aurais voulu raconter seulement ce qui s'est passé pendant l'occupation de la ville par un détachement de l'armée prussienne. Mais cette occupation a été précédée d'événements plus ou moins importants pour l'histoire locale, et je crois qu'il est bon de les résumer en quelques pages, pour en garder le souvenir, et conserver plus complète la physionomie de l'histoire du pays pendant ces temps malheureux.

Peu de temps après l'ouverture des hostilités. le 1er septembre 1870, les gardes mobiles de l'arrondissement étaient réunis à Loches, et logés chez les habitants. Ils y restèrent un mois entier, manœuvrant deux fois par jour dans la prairie, favorisés par un soleil d'automne magnifique ; depuis longtemps on n'avait pas vu d'été aussi brûlant, et la belle saison se prolongea jusqu'au mois de novembre.

Ils quittèrent la ville le 28 septembre, pour aller grossir les armées improvisées qu'on devait opposer à l'ennemi après nos désastres. Ils furent remplacés le même jour par les mobiles de la Dordogne, qui ne séjournèrent à Loches que peu de temps.

Le 4 septembre, nous apprenions la capitulation de Sédan, et le 5, la proclamation de la République.

Le 10, M. Nioche, avocat, était nommé sous-préfet de l'arrondissement, en remplacement de M. Henri Paillart; et, le 24 octobre, une commission municipale était instituée pour remplacer le conseil municipal dissous. Cette commission était composée de MM Grenouilleau, maire; Prevost, adjoint ; Houzé, Bas et Dauphin.

Pendant ce temps-là, — et depuis longtemps déjà, — la ville était ravagée par la petite vérole, et d'autres maladies épidémiques. A la fin de l'année 1870, le nombre des décès était de 245, le double environ des décès des années précédentes. L'épidémie du typhus, en 1814, dont les habitants ont encore conservé le souvenir, n'avait pas fait de si nombreuses victimes, même en y comprenant les prisonniers de guerre de toute nation qui passaient dans la ville, et dont plusieurs mouraient, au nombre de cinq ou six à la fois, sans même qu'on pût savoir leurs noms.

—

Malgré les efforts tentés par nos armées, l'ennemi s'avançait vers notre pays avec une rapidité effrayante ; Orléans était envahi, Blois menacé ; la délégation du Gouvernement de la Défense nationale qui siégeait à Tours. ne s'y trouvant plus en sûreté, se transportait à Bordeaux.

La ville de Loches se préparait à contribuer à la résistance contre l'ennemi commun dans la limite de ses forces. Le gouvernement avait décidé que tout le monde devait se défendre et arrêter à chaque pas la marche des envahisseurs. Dans un conseil tenu le 10 décembre, il fut résolu que la ville serait défendue par la garde nationale et tous les hommes de bonne volonté. Une commission fut chargée d'étudier le terrain d'une attaque probable, et les moyens de la défense dans la limite du possible, surtout contre les éclaireurs ennemis et les troupes de uhlans qui rançonnaient les campagnes souvent à une grande distance du gros de l'armée.

Le 12, un ordre de la préfecture d'Indre-et-Loire prescrivait le désarmement de la garde nationale. Ce désarmement se fit sans résistance ouverte, mais à contre-cœur et avec regret. Il s'opéra lentement, et ce ne fut que peu de jours seulement avant l'armistice que les armes purent être centralisées à la mairie et dirigées sur Poitiers. Celles qui n'avaient pas été rendues alors furent prises par les Prussiens qui les brisèrent. ou emportèrent celles qu'ils trouvèrent à leur convenance : les sabres de cavalerie surtout. que les particuliers avaient été forcés de déposer à la mairie sous promesse qu'ils seraient rendus. furent tous pris par l'ennemi.

Ce même jour, 12 décembre, le courrier de Loches sur Amboise ne put dépasser Bléré. Le lendemain et les jours suivants la ville fut inondée de soldats de toutes armes. venus les uns de Chambord, les autres d'Orléans, sans habits.

sans armes, sans papiers, prétendant être des prisonniers échappés. C'était une pitié de voir cela. On en forma chaque jour des détachements de trente à quarante hommes qu'on envoya, avec une feuille de route, sur Tours, et plus tard sur Poitiers.

Les uhlans parcouraient les environs de Saint-Aignan; de tous côtés les routes étaient sillonnées de voitures chargées de meubles, de gens de tout âge se sauvant devant l'invasion, sans savoir où ils allaient, ni par quels moyens ils pourraient vivre. C'était une suite de la panique semée sur leur passage par les échappés de Chambord.

Un service d'éclaireurs était organisé par Chédigny, Sublaines et Luzillé jusqu'à Bléré et Francueil. Trois piqueurs du château de Montrésor étaient détachés sur Orbigny, Nouans et Saint-Aignan. M. Duval, de Marolles, envoyait aussi dans différentes directions des courriers qui devaient correspondre avec ceux de Montrésor, et le télégraphe de cette dernière ville nous faisait passer ensuite les dépêches que nous transmettions à Tours et aux autres communes de l'arrondissement.

Malgré cela, nous restions complétement sans nouvelles de ce qui se passait aux armées, et les bruits les plus contradictoires circulaient dans la ville. On disait les Prussiens à Bléré; la préfecture annonçait, malgré les renseignements que nous lui fournissions, qu'ils se dirigeaient sur Loches; à Ligueil, pendant deux jours on crut que nous étions *occupés*. Les émigrants et les soldats débandés entretenaient ces rumeurs qui causaient une inquiétude générale.

Le 13, les gardes nationaux mobilisés partaient pour le camp de la Rochelle, emmenant environ six voitures de fusils et d'équipements militaires.

Le 21, les Prussiens tiraient une vingtaine

d'obus sur la ville de Tours, et se retiraient après ce glorieux fait d'armes. Nous restions trois jours sans avoir de nouvelles directes de Tours, à dix lieues de nous !

Le 6 janvier nous entendions distinctement des hauteurs qui environnent la ville, des coups de canon et des détonations sourdes. C'était le bruit du combat de Villeporcher. On entendit encore le canon les jours suivants, mais d'une façon moins distincte.

Le 19, au matin, les Prussiens entrèrent à Tours. — Le bruit s'en répandit immédiatement ; et cependant à dix heures du soir, nous n'avions encore aucune nouvelle certaine.

Le maire envoya au télégraphe pour savoir si l'on correspondait encore ; il fut répondu que le matin même, à trois heures, l'avis avait été donné que le télégraphe de Tours était enlevé, et les communications interrompues.

Le 23, le télégraphe fut organisé pour correspondre directement avec Bordeaux par Limoges. Loches devint tête de ligne dans cette direction.

—

Après ce résumé, trop rapide sans doute, je copie simplement les notes que j'ai tenues jour par jour, ne leur faisant subir d'autre modification qu'une coordination nécessaire :

DÉPÊCHE TÉLÉGRAPHIQUE.

Bordeaux, 29 janvier 1871.

Extrême urgence — 12 heures 30 soir.

La délégation du Gouvernement, établie à Bordeaux, qui n'avait jusqu'ici sur les négociations entamées à Versailles que des renseignements fournis par la presse étrangère, a reçu

le télégramme suivant. qu'elle porte à la connais-
sance du pays dans sa teneur intégrale :

« DÉPÊCHE TÉLÉGRAPHIQUE. »

« Versailles, 28 janvier 1871
« 11 heures 15 soir.

« M. Jules Favre, ministre des affaires étran-
gères à la délégation de Bordeaux.
« Nous signons, aujourd'hui, un traité avec
M. le comte de Bismarck. Un armistice de vingt
et un jours est convenu.
« Une Assemblée est convoquée, à Bordeaux,
pour le 15 février. Faites connaître cette nou-
velle à toute la France.
« Faites exécuter l'armistice et convoquez les
électeurs pour le 8 février.
« Un membre du Gouvernement va partir pour
Bordeaux. »

« Signé : J. FAVRE. »

Un décret, qui sera ultérieurement publié,
fera connaître les mesures prises pour assurer
l'exécution des dispositions ci-dessus

(Signatures)

———

1er FÉVRIER.

Nous ne savons pas encore aujourd'hui quels
sont les termes du traité intervenu entre M. Jules
Favre et M. de Bismarck.
Est-ce une capitulation? Est-ce un armistice?
On parle d'une capitulation. Quelques personnes prétendent en connaître les conditions et
les avoir apprises à Tours par les Prussiens.

3 FÉVRIER.

Pas un pouce de notre territoire.
Pas une pierre de nos forteresses.

Des reproductions de journaux étrangers nous apportent le texte de ce fameux *traité.*

Je viens de l'entendre lire ; c'est une de ces lectures qui ne s'oublient pas.

Des larmes de rage viennent aux yeux. quand on lit ce document. Rien n'y manque. La raillerie est à côté de la honte. A chaque ligne on se sent un coup au cœur, et un soufflet sur la joue.

Cinq mois de combats, l'Alsace, la Lorraine, la Champagne. la moitié de la France envahie. des armées nouvelles créées par des efforts inouïs, le pays tout entier combattant pour couvrir la route de Paris, pour rompre le *cercle de fer* qui étreint Paris, se sacrifiant pour attirer l'ennemi loin de Paris, au Nord, à l'Est, à l'Ouest...... tout cela est venu aboutir à la fameuse capitulation du 28 janvier.

Paris, qui devait sauver la France et le monde ! Paris qui devait étouffer la révolution et refouler l'invasion ! Paris a rendu ses forts. ses armes. ses canons, ses drapeaux, ses soldats tout !

Non, ce n'est pas tout ! l'armistice livre aux Prussiens la moitié de la France, même des départements non envahis.

Ils ont été bien mal inspirés, ceux qui se faisaient tuer sur les bords de la Loire, et sous les murs de Blois, le 28 janvier. Un trait de plume de Paris a suffi pour livrer, le même jour, leur pays à l'ennemi.

Et certains journaux répètent encore que Paris a bien mérité de la France ! — Peut-être. Ils se sont bien battus, les marins des forts, que vous forcez à amener leur pavillon! Ils se sont bien battus aussi les mobiles de la province, qui combattaient l'invasion étrangère au dehors, et l'anarchie parisienne au dedans !

Et la France, dont on ne parle guère, la France qu'on appelle dédaigneusement la *Province*; la France qui se défend encore pendant que Paris capitule ; — la province qui supporte de Paris les modes, les gouvernements et les sarcasmes; la province que Paris appelle à son secours au jour de l'invasion comme au jour de l'émeute, a-t-elle bien mérité de la Patrie?...

. . . .

La paix stérile, la paix ruineuse, la paix honteuse, ou la guerre avec les armées prisonnières, avec la moitié de la France livrée, avec la capitale prise, telle est l'alternative que nous laisse la capitulation du 28 janvier.

—

4 FÉVRIER.

Le maire a reçu, ce matin, du préfet, la copie d'une lettre du commandant prussien de Tours, dont voici les termes :

« Tours, le 2 février 1871.

« Monsieur le préfet.

« Par ordre du général, je dois vous communiquer que les sergents de fourriers iront, demain de grand matin, à : Azay-le-Rideau, Montbazon, Cormery, Loches, Bléré, Amboise, et aux villages des environs.

« Ce seront des troupes de tout genre, qui seront logées après-demain, et chaque homme recevra par jour :

« 3/4 kilog. de pain;
« 1/2 — de viande;
« 1/4 — de lard ;
« 1/2 — de légumes et sel;

« 30 grammes de café ;
« 60 — de tabac :
« 1/2 litre de vin ou 1 litre de bière ;
« 1,10 de litre d'eau-de-vie.
« La nourriture des chevaux consiste en :
« 6 kilog. d'avoine ;
« 2 — de foin ;
« 1 1/2 — de paille.

« En cas qu'on ne puisse donner la nourriture des hommes, on paiera 2 francs par jour pour chaque homme.

« Veuillez, Monsieur le préfet, aussitôt possible, faire avertir les communes nommées, pour éviter des désagréments que nous regretterions bien.

« Recevez, etc. »

Cet avis a été immédiatement affiché.

Tout le monde est consterné. Personne ne veut recevoir les Prussiens chez soi. Des menaces se font déjà entendre contre eux, dans le cas où ils voudraient se loger chez les particuliers.

A midi et demi, une députation d'habitants arrive à la Mairie. M. Houzé, membre de la commission municipale, est seul pour la recevoir. Il essaie de calmer l'irritation trop légitime que la nouvelle du matin a fait naître. Mais sa voix est couverte par les cris. On demande le maire, qui est absent pour affaires administratives. M. Houzé fait, avec bien de la peine, entendre quelques paroles de conciliation dans ce tumulte. Au bout d'un quart d'heure, la députation se retire.

Une demi-heure après, la même scène se reproduit. Les explications, échangées d'abord d'une façon assez calme entre M. Houzé et les personnes présentes, deviennent plus vives ; les cris et le tumulte recommencent. On déclare qu'on tuera les Prussiens qui viendront pour entrer dans les maisons. On s'étonne que le maire n'ait pas pris les mesures nécessaires pour loger et nourrir les soldats qui doivent arriver, sans penser que la nouvelle est connue depuis quelques heures à peine, et que la commission municipale ignore le nombre des troupes annoncées et les exigences de l'ennemi.

Cette députation se retire enfin comme la première, en criant : « A la sous-préfecture ! »

Peu de temps après, la commission municipale se réunit pour aviser à ce que l'on doit faire. Mais il est impossible de rien décider. Quel est le nombre des soldats qui doivent arriver ? Combien de temps doivent-ils rester ? Voudront-ils être casernés ? et le pourront-ils ? Se logeront-ils par billets délivrés par la mairie, ou bien choisiront-ils eux-mêmes leurs logements ? Comment se feront les distributions de vivres ? etc.

Toutes questions fort embarrassantes et qui inquiètent tout le monde ; mais il est impossible de les résoudre avant d'avoir vu les fourriers qui devaient arriver le matin de bonne heure, et qui ne viennent pas.

A ce moment, les personnes qui étaient sur la place de l'Hôtel-de-Ville crient : « Les voilà ! Les voilà ! »

Un officier à cheval, enveloppé dans son manteau et sans armes apparentes, monte la place de l'Hôtel-de-Ville et la redescend. La commission attend son arrivée dans la salle ; mais il ne descend point de cheval, et retourne sur la place du Marché où les soldats étaient restés.

Au même moment, un homme entre dans la salle de la mairie et s'écrie : « Mais vous ne savez donc pas qu'on insulte les Prussiens ! et vous ne faites rien pour empêcher les malheurs qui vont tomber sur la population ? Pourquoi n'êtes-vous pas sur la place pour les recevoir ? » etc.

Explication vive. On envoie le commissaire de police aux renseignements. et quelques minutes après. celui-ci annonce qu'une vingtaine de cavaliers, qui étaient sur la place du Marché, ont été hués par la population, et qu'ils sont partis immédiatement.

Quelques personnes essaient de les rejoindre, mais ils sont déjà loin ; on pense qu'ils vont revenir.

Voici ce qui s'était passé :

La population. assez nombreuse (c'est un samedi, jour de marché) déjà très-vivement excitée par la nouvelle du matin. voyant arriver. au lieu de fourriers qu'on attendait. une troupe assez considérable (60 hommes environ'. dont plusieurs chantaient, ne put contenir son indignation en présence de cette occupation militaire et sans lutte, en vertu de l'armistice qui livrait la moitié non envahie du département. Des cris. des huées se firent entendre. Les femmes. surtout, criaient et montraient les poings. Des pierres, dit-on, furent lancées ; on cracha sur les soldats, et un habitant prit le cheval de l'officier au poitrail, un autre brandit une canne d'une façon menaçante. Le cri : « Aux armes ! » partit de la foule.

Les cavaliers eurent peur. firent volte-face, et l'officier dit à ceux qui l'entouraient : « Au revoir ! »

Le soir même, on délibéra sur ce qu'il convenait de faire. Il parut nécessaire d'envoyer quelqu'un auprès du chef du détachement qui était à Cormery, afin d'expliquer comment les choses s'étaient passées, et de savoir quand et en quel nombre les Prussiens viendraient. puisqu'il n'était plus possible d'éviter l'occupation.

M. Dauphin, membre de la commission municipale, et M. Bonnefoy, vérificateur de l'enregistrement à Loches, se rendirent à Cormery.

Ils trouvèrent là le commandant du détachement et d'autres officiers, qui étaient attablés à l'hôtel autour de bon nombre de bouteilles.

Quand on annonça que des habitants de Loches demandaient à leur parler. « Ah ! Loches. dirent-ils en riant, ah ! Loches ! — Ah ! ah ! Ville méchante, Loches, ville méchante ! Ah ! ah ! ah ! »

Les explications commencèrent. Un jeune officier qui paraissait avoir une certaine importance, dit à M. Dauphin que Loches avait résisté ; qu'on avait pris la bride de son cheval, etc. ; enfin que Loches méritait une « *grosse punition.* »

— On est allé chercher du canon, » dit-il ; et il répétait toujours : « Oh ! Loches. ville méchante ! Grande *punition !* »

— Non, répondit M. Dauphin ; pas méchante. Ah ! si vous étiez venus il y a huit jours. c'est différent ; je crois bien que vous auriez reçu *des prunes.....* Mais maintenant que nous sommes en armistice, c'est défendu. Venez tranquillement. sans chanter, et il ne vous arrivera rien. vous pouvez en être sûrs. »

Pendant ce temps-là, M. Bonnefoy causait avec le chef du détachement, et lui faisait sentir avec quelle indignation et quelle colère nous avions dû voir arriver des soldats qui chantaient « C'est dit-il une insulte et une provocation : et parce que vous êtes aujourd'hui les vainqueurs, ce n'est pas une raison pour insulter une ville que vous n'avez pas conquise. et qui se trouve liée par une convention qui l'empêche de se défendre. »

— Je comprends — dit l'officier — je comprends » Et se retournant vers les officiers qui faisaient partie du détachement du matin, il leur dit quelques mots en allemand.

— Nous musiciens, — répondit l'un d'eux en

francais ; — nous musiciens, toujours chanter. »

M. Bonnefoy insista et fit sentir la gravité de cette sorte de provocation.

— Je comprends. — répétait l'officier — mais le rapport est fait ; je n'y puis plus rien. Allez à Montbazon trouver le colonel, ou le général à Tours. »

Les deux délégués voyant qu'il était déjà onze heures du soir, n'ayant point reçu à leur départ des instructions pour pousser leur démarche plus loin, revinrent à Loches.

En partant, le jeune officier qui causait avec M. Dauphin, lui dit :

— Nous reviendrons demain avec du canon. Il faut que le maire vienne à l'octroi ; c'est là que nous l'attendrons ; vous viendrez avec lui, je vous reconnaitrai.

— Et moi aussi, dit M. Dauphin, je vous reconnaitrai bien, n'ayez pas peur ! »

A leur arrivée, MM. Dauphin et Bonnefoy ont raconté le résultat de leur voyage, et ont ajouté que le commandant avait conseillé de télégraphier au général à Tours ce qui s'était passé. Mais le télégraphe est coupé, et la commission n'a pas jugé à propos de faire une autre démarche, qui pouvait avoir pour effet de manifester une trop grande crainte, en donnant des proportions trop importantes à l'événement, et d'augmenter par là les exigences de l'ennemi.

—

6 FÉVRIER.

Le maire étant arrivé le 4 dans la soirée, prit les mesures nécessaires pour éviter un nouveau conflit.

L'avis suivant fut rédigé par la commission, imprimé le même soir, et affiché le lendemain matin dans la ville :

« Aux habitants de Loches :

« Une vive émotion bien naturelle s'est emparée de la population à l'annonce qu'un détachement de l'armée allemande allait occuper la ville.

« Nous aussi, nous avons été touchés des malheurs de la patrie ; mais il est des sacrifices auxquels il faut savoir se résigner

« La convention signée à Versailles le 28 janvier, laisse à l'occupation de l'armée allemande le département d'Indre-et-Loire.

« La population de Loches se souviendra, nous en avons la ferme conviction, que liée par les stipulations conclues par le gouvernement, il est de son devoir de supporter avec calme et dignité la situation qui lui est faite.

« La municipalité, de son côté, défendra avec toute l'énergie dont elle est capable les intérêts de la population. S'appuyant sur le concours de tous les citoyens, elle prend dès à-présent des mesures efficaces pour diminuer autant que possible les charges de l'occupation.

« Le maire : A. Grenouilleau.

« Les membres de la commission :

« C. Prévost, Houzé, Bas-Perrault,

« Dauphin. »

« Loches, le 4 février 1871. »

Le commissaire de police fut chargé d'aller à l'octroi le lendemain 5, avec un membre de la commission municipale, d'y attendre les Prussiens, et, quand ils paraîtraient, de leur dire qu'il avait ordre de les conduire à la mairie.

Personne ne parut le 5

Le 6, vers deux heures du soir, on apprend qu'ils arrivent, et qu'ils exigent que le sous-préfet et le maire aillent au-devant d'eux. Ils amènent avec eux le préfet, M. Durel, comme prisonnier pour répondre de la sûreté de son département.

Le sous-préfet et le maire font répondre qu'ils attendent à l'hôtel de ville, et qu'ils n'iront à l'octroi que sur une invitation formelle du préfet.

Quelques minutes après, l'ordre écrit du préfet arrive.

« Quoiqu'il m'en coutât, dit M. le maire, dans la délibération du 7 février, je ne crus pas pouvoir, dans l'intérêt de la cité, écouter mes répugnances personnelles. » Il se dirigea donc avec le sous-préfet, M. Nioche, vers le bureau d'octroi de la route de Tours. M. Thuillier, président du tribunal, M. Chaisemartin, procureur de la République, les membres de la commission municipale, et plusieurs personnes notables de la ville les accompagnaient.

On aperçut de loin les premiers rangs des lanciers qui, avec leurs banderolles noires et blanches, ressemblaient à une escorte de corbillard.

De leur côté, les uhlans en nous voyant, avancèrent de quelques pas, puis attendirent.

Un officier, que j'ai su depuis s'appeler le comte Baudichin, homme de confiance du colonel, était à pied auprès de M. Durel, qu'on avait fait descendre de la voiture où il avait été amené.

Un autre officier était resté à cheval, le lorgnon dans l'œil et le cigare au coin de la bouche, avec un sourire des plus insultants.

Celui-là, se nomme, dit-on, le comte Otto de Lottum, officier auxiliaire. Au physique, figurez-vous la tête grotesque de Polichinelle, avec les allures de Croquemitaine.

A notre arrivée, quatre uhlans se détachèrent pour venir au-devant de nous, la lance baissée; un autre, passant derrière nous, se mit en travers de la route, de façon que nous étions entourés.

Les officiers saluèrent légèrement en touchant le bord de leur casque. Chacun rendit le salut en soulevant non moins légèrement le bord de son chapeau ; puis les explications commencèrent.

Les Prussiens prétendirent qu'on les avait menacés, qu'on avait crié « Aux armes! » qu'on avait voulu tirer sur eux.

— Mais il n'y a pas d'armes dans la ville !

— Il y avait des armes en faisceau dans la mairie, et des soldats dans les rues.

— Les soldats sont partis depuis longtemps; et les armes ont été envoyées à Poitiers.

— Ce n'est pas vrai ! dit le Prussien avec rage. Il y avait des faisceaux d'armes !

— Monsieur, dit M. Thuillier, je suis président du tribunal, et je crois que ma parole, comme celle de ceux qui m'entourent, mérite confiance. Je vous affirme qu'il n'y a pas d'armes à la mairie.

— Ce n'est pas vrai !... D'ailleurs nous savons bien comment on fait chez vous. Les paysans tirent sur nous comme sur des chiens !

— Oui, les paysans ils ont tiré sur moi ! ajouta Baudichin, en se frappant le plastron.

— Les paysans tirent sur vous comme les paysans allemands tiraient sur nos soldats quand nous étions en Allemagne. C'est la guerre, et vous la faites assez dure aux paysans pour qu'ils aient envie de se défendre. »

Là-dessus, « l'homme au lorgnon » se couche sur l'encolure de son cheval, et se met à nous siffler au nez.

La *conversation* devint de plus en plus vive, toujours digne et ferme avec prudence de notre côté, toujours plus insolente et plus provocante de la part de M. de Lottum, qui fumait, sifflait, enfonçait son lorgnon dans son œil, faisait piaffer son cheval, et parlait toujours du déjeuner qu'il fallait préparer dans « une grosse hôtel » pour quarante officiers; du soin qu'il fallait mettre à choisir un bon cuisinier, du bon champagne, et autres impertinences.

M. Baudichin disait aussi son petit mot avec un

flegme souriant, aussi insolent dans son genre que l'attitude de son compagnon.

En vain, le maire exposa que les faits dont on se plaignait devaient être réduits à leur juste valeur, et qu'ils étaient sans gravité réelle : qu'ils avaient été pour ainsi dire provoqués par les chants des soldats entrant dans la ville ; en vain il représenta combien nous témoignions de nos intentions pacifiques par la démarche de M. Dauphin, le soir du 4 février. Baudichin revenait toujours sur les violences qui avaient eu lieu ce même jour, violences qui constituaient de notre part une rupture de l'armistice, et il ajouta qu'il allait entrer à Loches, et qu'au moindre fait de violence, la ville serait « BOM-BAR-DÉE ! »

— Mais on ne bombarde pas une ville désarmée, en temps d'armistice !

— L'armistice, il est pour nous ! » interrompit l'homme au lorgnon.

Quant à Baudichin, il ne perdait pas de vue le côté sérieux de la question.

— Et pour ce qui s'est passé, dit-il, la ville paiera deux-cent-cin-quan-te-mille francs pour punitence. »

On se récria.

— Quant à cela, dit quelqu'un, vous ne trouverez pas cette somme dans toute la ville.

— Si elle n'est pas payée demain avant midi, nous la prendrons nous-mêmes, interrompit encore M. de Lottum, » qui décidément paraissait s'être réservé le rôle insolent et lâche de cette triste comédie.

— Je crois, Messieurs, dit alors M. Chaisemartin, en s'adressant aux officiers municipaux, qu'il est inutile de rester ici plus longtemps. Ces Messieurs vont entrer dans la ville, et ils peuvent y entrer en toute sûreté : nous allons les précéder.

— C'est cela, dit l'homme au lorgnon. Il faut

qu'on aille préparer le logement, — et surtout un
bon déjeuner, — une bonne cuisine, avec du champagne, — dans une grande salle, pour quarante
officiers. — Y a-t-il du bon champagne? —
Quant au maire et au sous-préfet, ils vont rester
avec nous pour attendre le colonel qui doit
arriver dans une heure. »

Et il se remit à siffler.

Voilà comment la ville de Loches, forte de
4,000 habitants, sans garnison, sans garde nationale, sans armes, sans défense aucune, fut prise,
en plein armistice, par 600 hommes de cavalerie, 800 hommes d'infanterie, et deux pièces
de canon, — que suivaient plusieurs voitures d'ambulances avec tout le personnel nécessaire pour
parer aux suites d'une bataille

On peut dire que ces Messieurs nous ont fait
tous les honneurs de la guerre.

Les uhlans avaient eu peur de cette foule sans
armes qui s'était précipitée à leur rencontre dans
la journée du 4 février. Revenus de leur sur-
prise et de leur émotion, ils avaient grossi l'événement pour s'excuser d'abord, et aussi pour
donner l'occasion à leurs frères d'armes de lever
sur la ville une modeste contribution ; car, ainsi
que l'ont dit, assez naïvement d'ailleurs, et sépa-
rément, un officier et un soldat : « dans toutes les
« villes où nous passons, nous trouvons moyen
« de faire payer quelque chose. »

Pendant cette querelle d'allemand dont je
viens de retracer les principaux traits, les assis-
tants restèrent calmes et gardèrent une attitude
pleine de réserve et de courageuse dignité. La
provocation était évidente, et l'insulte si grossière,
qu'elle dépassait son but. Il y a des injures aux-
quelles on ne peut pas répondre.

Dès leur arrivée, les Prussiens ont établi un poste à l'hôtel de ville, et sont venus pour faire procéder à la distribution des billets de logement. A partir de ce moment il s'est répandu dans la salle, sur la place de la Mairie et dans les rues, une odeur particulière qu'on appelle ici *odeur de prussien*, et qui a persisté dans toute la ville jusqu'à la fin de l'occupation. Les chambres dans lesquelles ils ont logé sont restées imprégnées de cette odeur plusieurs jours après leur départ.

Le logement s'est fait sans accident, mais non sans réclamations. Il y a des maisons qui logent dix et douze Prussiens et plus. C'est déjà trop d'en avoir deux. Passe encore pour le logement, mais il faut les nourrir. Et de quelle façon! Nous n'avions pas idée de pareils gouffres.

Presque tous les officiers mangent à l'hôtel de la Promenade.

Aujourd'hui ils ont fait publier l'ordre de déposer à la mairie les armes de toute nature qui sont chez les particuliers, avec promesse de les rendre à leur départ. Bien peu ont été déposées. Chacun a mis son fusil en lieu sûr, et le retrouverait au besoin. Ils sont aussi allés dans les campagnes environnantes pour le même motif. En arrivant de Montrésor, ils ont brisé et jeté dans la rivière une certaine quantité de fusils.

Quand les soldats furent logés, le maire s'aboucha avec le commandant en chef, pour obtenir, s'il était possible, certains adoucissements aux dures conditions qui nous étaient faites. Il avait déjà obtenu qu'on laissât à la municipalité le soin de répartir les logements, au leu d'en charger les fourriers. C'était un point important et qui modifiait un peu le caractère violent de l'occupation, car au lieu de subir l'invasion de leur domicile, les habitants n'eurent qu'à se sou-

mettre à une mesure d'administration municipale, et je suis sûr que bien des inconvénients,
et peut-être des violences regrettables de part et
d'autre ont été évitées de cette manière

Le Maire obtint encore que la commune livre-
rait elle-même les rations de foin, avoine et
paille nécessaires à la cavalerie, et put éviter
ainsi les réquisitions armées chez les particuliers
et dans la campagne.

Quant à la contribution de *punilence*, il n'en
fut pas parlé ; mais on s'aperçut bientôt que ces
messieurs ne l'oubliaient pas.

—

DU 9 AU 11 FÉVRIER.

*Lettre adressée au maire par le commandant
prussien :*

« Loches, 9, 2. 71.

« D'après l'ordre de son excellence le général
en chef du 10e corps, général lieutenant Voigts-
Rhetz, la ville de Loches est obligée de payer une
contribution de 250,000 francs A cet effet,
j'invite la mairie de me remettre cette somme
jusqu'à dimanche, le 12 février, à l'heure de
midi.

« Chaque journée de délai serait cause d'aggraver la somme de 10.000 fr.

« Agréez d'accepter, etc. (Textuel.)

« Le colonel commandant en chef du
9e régiment de lanciers,

« V. Kleist. »

Au reçu de cette lettre, le maire et M. Dauphin, M. Chaisemartin et M. le marquis de
Bridieu sont allés trouver le colonel qui les a
reçus poliment, mais leur a déclaré « qu'il ne
pouvait rien changer à la situation, et qu'il fallait
s'adresser au général Voigts-Rhetz. »

Le 10 février, MM. Grenouilleau, Dauphin. de Bridieu, Thuillier et Chaisemartin allèrent à Tours. Ils ne purent obtenir audience du général, et furent renvoyés par son secrétaire au commandant de place Cordemann, à l'hôtel de ville.

Le bureau était fermé ; il fallut attendre.

Les délégués furent alors adressés par M. Goüin au colonel Lattum, logé chez Mme Angellier. qui devait leur servir d'intermédiaire officieux.

Là, ils furent reçus de la manière la plus cruelle et la plus insultante; et comme ils faisaient appel aux sentiments de justice de cet officier :

« — La justice ! — dit-il, en tourmentant la
« poignée de son sabre, et en frappant du talon.
« — la justice.... c'est la force! Le droit, c'est la
« guerre!.... Je connais votre France.... Je la
« méprise!

« Nous vengeons le mal fait à nos pères et à
« nos mères. L'Allemagne souffre encore du mal
« que vous lui avez fait; nous ne vous en ferons
« jamais assez! Si nous pouvions faire davan-
« tage, nous le ferions, voilà la justice!.... »

On quitta ce brutal fanatique pour retourner vers le commandant de place.

Ce fut l'aide-de-camp de Pentz, celui que la ville de Tours connait si bien, et qu'elle a surnommé si malicieusement *Vert-de-gris*, qui reçut nos délégués, fort poliment; il demanda que l'on rédigeât par écrit un mémoire pour la ville de Loches, promettant de le remettre le soir même au général.

Pendant qu'ils rédigeaient ce mémoire, le maire et ses compagnons furent témoins d'une scène inouïe de violence entre ce M. de Pentz et l'adjoint M. Magaud.

Telles furent les démarches pénibles que nos compatriotes furent obligés de faire dans l'intérèt de la ville, et les humiliations qu'ils eurent à subir.

Depuis, de nouvelles instances furent encore tentées auprès du général et du prince Frédéric-Charles, dans lesquelles les membres de la commission furent aidés gracieusement et spontanément par Mme Fay, de Chanceaux. Le colonel Von Kleist lui-même fit, dit-on, le voyage de Tours, pour témoigner auprès de ses chefs de l'attitude pacifique de la ville, de sa pauvreté et de sa dignité à supporter cette épreuve.

Toutes ces demandes restèrent sans réponse.

Cependant, le 13 au matin, le colonel fit appeler le maire, et lui dit qu'il avait vu le général et le prince ; qu'il n'avait obtenu d'autre modification à l'ordre primitif que la faculté de recevoir des paiements partiels et échelonnés, sauf à lui, après un ou deux paiements de 50,000 fr., à demander la remise du surplus sous l'affirmation, qu'il ferait, que la ville ne peut davantage.

Le maire réunit, pour délibérer sur cette situation, la commission municipale à laquelle il adjoignit les membres de l'ancien conseil, et un nombre égal des citoyens notables de la ville et des plus imposés.

D'ailleurs, toutes les délibérations depuis l'occupation furent prises par un conseil, composé de ces divers éléments. « Ni moi, ni mes « collègues n'entendons décliner la responsa- « bilité qui nous incombe, disait le maire dans « une de ces délibérations ; mais nous désirons « nous éclairer de vos avis, et nous étayer de « votre concours. Nous serons d'autant plus « forts pour résister aux prétentions des offi- « ciers allemands, que nous nous sentirons sou- « tenus par la cité tout entière, et jamais la « nécessité de l'union ne s'est fait plus vivement « sentir. »

L'assemblée, après une sérieuse discussion,

invita le maire à tenter de nouvelles démarches,
et, dans le cas où elles ne réussiraient pas.
l'autorisa à verser entre les mains du colonel
allemand, une somme qui ne pourrait excéder
10,000 fr.

Pendant ce temps-là, les élections pour l'Assemblée nationale, se faisaient dans la journée
du 8 avec le plus grand calme et la plus par-
faite convenance. La foule des électeurs était
immense, car tout le canton votait au chef-lieu,
et chacun avait regardé comme un devoir
d'apporter son bulletin. Il y a des communes où
les seuls électeurs absents sont ceux qui ont
été dans l'impossibilité de faire le voyage, pour
raison d'âge ou de santé ; cependant, l'heure de
la fermeture du scrutin a empêché un grand
nombre d'électeurs de déposer leurs votes.

Pour ce jour-là, le poste prussien s'était
transporté de l'hôtel de ville au palais de justice.
Les officiers s'étant trouvés mieux dans ce
dernier endroit, y sont restés jusqu'à la fin de
l'occupation, au grand déplaisir de M. le juge de
paix, dont ils avaient pris le cabinet, et au grand
préjudice de la propreté et de la salubrité du
bâtiment.

---

10 FÉVRIER.

Les habitants sont presque tranquilles dans
les maisons, quand leurs pensionnaires ne sont
pas ivres. Ces vainqueurs sont de vraies brutes,
et beaucoup ne paraissent pas féroces, mais il ne
faudrait pas s'y fier. Pourvu qu'on leur donne à
manger et à boire en quantité suffisante, ils sont
assez sages, et on en est *content*.

C'est une pitié de voir la manière dont ils sont
traités par leurs officiers. A l'exercice, à la revue,
si l'officier découvre quelque chose de choquant

oud'irrégulier, il s'approche, et criant avec cet accent rageur qui, pour les oreilles françaises, est un des charmes de la langue allemande, il envoie dans la figure du soldat, sous la machoire, un ou deux coups de poing, qui font reculer l'homme de deux pas.... La salle de police est remplacée par le piquet ; le soldat est attaché les mains derrière le dos à un arbre, à une porte, à une roue de charrette, sur une place ou une promenade. Tout le monde ici a pu voir employer ce moyen de discipline et de correction, signe d'une civilisation avancée. Eh bien ! ils ne paraissent pas sentir ce qu'il y a de honteux dans tout cela... C'est passé en habitude ; on en attache deux ou trois ensemble ; ils rient et causent et se laissent attacher de bonne grâce.

Ils paraissent plus sensibles aux coups de poing.

Mais les officiers, ces fameux officiers de l'armée allemande, que nous avions entendu vanter si fort, nous les avons vus ; — et nous savons ce qu'ils valent.

Sous les dehors d'une politesse froide et narquoise, la haine la plus implacable pour tout ce qui est Français ; l'absence la plus complète de tout sentiment délicat, de toute loyauté ; l'insolence la plus grossière à l'occasion, et l'ivrognerie la moins déguisée.

Au café toute la journée et la plus grande partie de la nuit, ces messieurs. parfumés au musc, jouent, boivent et mangent, et rentrent dans leurs logements ivres comme des portefaix. On devine ce qui s'en suit. Quelques-uns ont été malades des suites de ces orgies. Mais ils n'en rougissent pas et se contentent de dire : « Ce n'est pas mal qu'un gentilhomme boive bien. »

Il y a des exceptions, mais elles sont rares.

Leur grande préoccupation, c'est de paraître polis et bien élevés ; ils y réussissent quelque

fois dans la forme; mais c'est le fond qui leur
manque; le mot *chevaleresque* n'a pas été créé
pour eux, on le voit.

Quelques-uns visent à l'esprit, mais l'esprit et
la politesse sont deux choses encore trop françaises ; ils essaient de les prendre, mais comme
tout ce qu'ils nous ont volé, on voit bien vite
que ce n'est pas à eux.

Nous connaissons maintenant la grande Allemagne. Nous l'avons vue dans ses soldats, dans
ses officiers, dans son peuple, dans son aristo-
cratie, dans ses princes.

Nous pouvions autrefois être fiers d'être Francais, aujourd'hui nous devons être encore plus
fiers de ne pas être Allemands.

—

Tous les jours une vexation nouvelle ; tous les
jours une provocation.

Il a fallu d'abord couper le fil du télégraphe.
Puis sont venues les réquisitions de voitures.
Puis les lettres doivent être mises à la poste non
cachetées. Puis la mairie ne peut faire publier
d'avis d'aucune sorte sans la permission de l'autorité militaire allemande; puis il est défendu de
faire sortir du département les objets de consom-
mation, puis.... Demain ce sera quelque autre
chose.

—

14 FÉVRIER.

Le colonel exige que le sous-préfet donne
l'ordre aux communes environnantes, et qui
sont dans la zone neutralisée, d'approvisionner
la ville. M. Nioche a répondu que cela était impossible, contraire à son devoir et à sa cons-
cience, et en dehors de son autorité; qu'il ne

pouvait que transmettre les ordres du colonel aux maires des différentes communes, mais qu'il ne ferait pas davantage.

Grande colère du colonel, qui a décidé qu'il allait dans ce cas faire des réquisitions militaires.

C'était le vol et le pillage organisé dans les campagnes. Il a fallu encore bien des pourparlers pour éviter cela; on y est cependant arrivé. Mais le colonel ne veut plus rien traiter avec le sous-préfet; et il s'adresse au maire pour éviter de nouveaux conflits

Nouvelles insistances du colonel pour le paiement de l'amende. On lui a dit que la ville, en faisant tous ses efforts, et déjà considérablement chargée par les fournitures de fourrages qu'elle est obligée de faire, parviendrait avec beaucoup de peine, à réunir 10,000 fr.

— C'est le dernier chiffre que vous offrez? dit le colonel. Ce n'est pas assez, il faut faire quelque chose de plus.

On marchande, mais le colonel qui paraît animé de bonnes intentions, se sent mal à l'aise pour le faire; on dirait qu'il a honte de son rôle

— Si l'on ne peut payer, dit-il à son interprète, je crains de recevoir des ordres d'arrestation.

L'interprète traduit la phrase, mais il remplace les mots *ordres d'arrestation* par *ordres de rigueur*. Cependant il finit par dire le mot.

— Nous sommes prêts, répondit M. Chaisemartin. Vous pouvez nous arrêter et nous emmener immédiatement ; vous n'aurez pas un sou de plus.

— Si quelqu'un doit être arrêté, dit M. Grenouilleau, je crois avoir le droit de l'être le premier. C'est un honneur que je revendique.

Le Prussien avait peine à cacher son em-

barras. « Je suis un homme loyal, disait-il, et il rougissait du rôle qu'il jouait par ordre supérieur. » Il a prolongé de quelque temps le délai qui expirait aujourd'hui pour payer un à-compte.
— « Montrez de la bonne volonté, disait-il, et je ferai tout ce que je pourrai pour obtenir une réduction. »

---

16 FÉVRIER.

Par une lettre datée du 15, M. le comte Kœnigsmark nous fait savoir qu'il est préfet d'Indre-et-Loire, et prie les maires du département de l'aider *dans l'intérêt des communes*. On ne peut être plus effrontément facétieux.

Par la même lettre, il se donne la peine d'expliquer au maire de Loches « que le territoire « Français, formant le gouvernement général du « nord de la France, occupé à présent par les « troupes allemandes, ne pouvant fournir en « nature ce qu'il leur faut, il a fallu acheter « et faire venir de l'Allemagne des vivres et le « le matériel nécessaire. »

Voilà pourquoi le département d'Indre-et-Loire est frappé d'une contribution de guerre de sept millions, dans lesquels la part de la ville de Loches est de 106.002 fr.

Avec 250,000 f. de *punitence*, et 10,000 fr par chaque jour de retard, et environ 1.500 fr. par jour de fourrages, sans compter la nourriture des hommes aux frais des particuliers, et la nourriture des officiers aux frais de la ville, voilà notre situation.

Aujourd'hui, on a recueilli des souscriptions à un emprunt pour faire face aux frais de l'occupation.

Sur les sommes ainsi recueillies, le maire préleva dix mille francs qu'il alla porter au colonel.

— Oh ! ce n'est pas assez, dit celui-ci. Il faut onze mille. »

On marchande encore.

— J'ai encore trente thalers, dit le maire; c'est tout ce que j'ai pu recueillir dans cette course de toute la journée.

— Donnez les trente thalers.

— J'y consens, et je compléterai même les onze mille francs que vous me demandez, si vous voulez me donner quittance définitive.

— C'est impossible.

— Alors, comme je ne suis autorisé à vous verser que 10,000 fr. je remporte mes 30 thalers. Voici 10,000 fr., veuillez me donner quittance. »

Le colonel ramassa la somme, la fourra dans ses poches, et donna la quittance qu'on lui demandait.

Je tiens ce récit de M. le maire lui-même.

Et pourtant ceux qui ont eu affaire au colonel Von Kleist, reconnaissent qu'il a mis beaucoup de ménagement dans l'exercice de son autorité, et qu'il aurait pu bien facilement aggraver la situation de la ville par des exigences et des rigueurs dont l'histoire des derniers mois nous a fourni de trop nombreux exemples.

—

17 FÉVRIER.

J'ai dit que les officiers prussiens manquaient de tout sentiment de délicatesse. En voici un exemple.

M. Renard, juge, avait chez lui un officier qui était malade à son arrivée. Il lui a donné les soins qui lui étaient nécessaires, et l'a plusieurs fois reçu à dîner pour lui éviter, par les temps froids, le trajet de la maison à l'hôtel.

A ce moment, l'officier ne parlait que de la paix ; la guerre était un grand malheur ; il voulait revoir l'Allemagne ; il s'attendrissait ; et, prenant un jour le fils de M. Renard sur ses genoux, il disait, en pleurant :

— Ces enfants-là viendront en Prusse, comme nous sommes aujourd'hui en France ! Ah ! malheur pour la France ! Malheur pour la Prusse ! »

Il y a quelques jours, il revient le soir, tout guilleret, s'installe au coin du feu, et dit à M. Renard :

— Je suis content, maintenant ; bien portant, bien disposé ; je ferai la guerre avec plaisir.

— Mais, dit M. Renard, vous ne parliez pas ainsi à votre arrivée. Si je m'en souviens, vous vouliez la paix, et vous étiez bien las de la guerre.

— Oh ! oui, j'étais las de la guerre ; j'étais malade, et je vous remercie de vos bons soins ; j'avais un bon dîner, une bonne chambre, un bon feu, tout cela m'a guéri. Mais à présent, je suis bien portant, je ferai la guerre avec plaisir. »

Ceci, je crois, peut se passer de commentaires.

—

21 FÉVRIER.

Depuis deux jours, les Prussiens font courir le bruit que la paix est signée ; mais rien de certain ne nous est encore parvenu à cet égard.

Toujours des réquisitions de voitures et des insolences. Dimanche dernier, 19, des officiers sont venus, à midi, demander, pour deux heures, deux voitures pour aller à Tours. Impossible d'en trouver ; personne ne veut en prêter, même avec des réquisitions de la mairie, car les Prussiens les cassent toutes.

Les voitures ne se trouvaient point. Un petit sous-lieutenant, fort impertinent, demande si elles sont prêtes, et voyant qu'il fallait encore attendre :

— Eh ! dépêchez-vous, dit-il, nous sommes pressés. Vous avez de la mauvaise volonté ; quand nous voulons des voitures, nous en trouvons toujours à louer ; faites comme nous.

— Mais, disait le maire, à bout de patience, dites-moi donc où vous les louez, je vais y aller immédiatement.

— Cela ne nous regarde pas. Cherchez, c'est votre affaire ! »

Hier, malgré l'armistice, ils ont fait prisonniers et emmené à Tours les quelques soldats restés dans les ambulances de la ville, sans tenir compte des réclamations qui ont été faites à cet égard.

—

Le colonel fait demander le maire pour la petite affaire des 250,000 fr. Il faut absolument un nouveau versement, de cent mille francs, cette fois.

Le maire a déclaré au colonel, avec pièces à l'appui exposant la situation financière de la ville, qu'il ne pourrait rien donner de plus que les 10.000 fr. déjà versés. Alors le colonel a menacé de faire des exécutions, c'est-à-dire d'emmener des otages.

— J'en serai bien aise, dit le maire ; emmenez-moi le premier. Peut-être que quand je serai en Prusse, je serai plus tranquille qu'ici.

— Non, — dit le colonel avec sa bonhomie ordinaire, qui paraît souvent assez moqueuse, — non, monsieur le Maire, vous êtes nécessaire pour la gérance de la ville. Mais il y a ici des personnes riches : M Daniel, au château sur la route de Ligueil; M. de Marsay, sur les ponts, et d'autres personnes. Vous donnerez les noms de ces personnes, et nous ferons la réquisition nous-mêmes.

— Pour qui me prenez-vous ? s'écrie le maire indigné. Moi! vous donner les noms de mes concitoyens, de mes administrés pour que vous alliez les piller ! Je ne vous donnerai aucun nom. Faites ce que vous voudrez.

— Mais la ville pourrait emprunter, et ces personnes pourraient lui prêter *sur hypothèque*, — insinua l'aide-de-camp Baudichin, qui assistait à l'entretien. — M. de Marsay est riche, son beau-père est banquier, très-riche. il prêtera.... Ou bien allez dans une autre ville.... à Châtellerault.... ou 'ailleurs.... vous trouverez bien à emprunter 25.000 fr. pour commencer; ensuite nous verrons

— Monsieur, vous paraissez vous entendre parfaitement en affaires ; mais croyez-vous que la ville puisse emprunter en donnant des hypothèques sur son hôtel de ville, son collége, ou son école normale ? C'est t ut ce qu'elle possède. — Puis, je n'ai comme maire aucun droit pour emprunter, et personne ne me prêterait. Il me faut des autorisations, et je vais entretenir le conseil de ce que vous me di es. D'ailleurs, nous avons déjà payé des sommes considérables pour le fourrage. sans compter les 10,000 francs que vous avez reçus il y a quelques jo..rs. Les particuliers sont obligés de nourrir vos soldats et ne peuvent y suffire. Vous nous demandez 250,000 de *punitence*, plus notre part dans l'impôt de 7 millions mis sur le département..... Où voulez-vous que nous prenions tout cet argent? La ville est pauvre, vous le savez. et nous sommes dans l'impossibilité la plus complète de payer quoi que ce soit.

— Il faut distinguer, repartit le colonel. Les 250,000 francs sont une amende à vous personnelle. Pour le reste, j'ai dû pour des raisons militaires concentrer mes troupes dans la ville, mais toutes les communes comprises dans mon commandement doivent y contribuer soit en nature, soit en argent ; et ce que chaque commune paiera sera diminué sur sa part dans l'imposition du département.

— Mais alors, nous avons payé notre part, et au-delà. Tout ce que nous avons pu faire, nous l'avons fait. Vous savez combien sont lourdes les charges de l'occupation, combien l'hiver a été rude.. ... Cet argent, que nous vous avons donné, était destiné à procurer du travail aux ouvriers nécessiteux. Vous avez pris la part des pauvres..... Que voulez-vous que nous fassions de plus ?

— Je sais tout cela, mais j'ai des ordres, et je crains d'en recevoir de plus rigoureux encore. Tâchez d'emprunter. Il faut absolument payer encore quelque chose, et je demanderai moi-même une réduction, que j'obtiendrai peut-être quand on verra que la ville n'est pas riche, et qu'elle a fait tout ce qu'elle pouvait faire.

—

24 FÉVRIER.

Rien n'ayant été payé encore, l'autorité militaire a fait procéder aux *exécutions* dont nous étions menacés.

Le matin, les personnes désignées avaient été prévenues. Elles auraient facilement pu quitter la ville, mais aucune d'elles n'a voulu se *replier*.

M. Arthur de Marsay a été arrêté à la Mairie.

M. Henri Beaussier a été arrêté chez M. Briffault, son beau-père, ancien maire de Loches, et à la place de ce dernier qui était absent.

Ces messieurs sont montés en voiture sous escorte, et sont allés prendre M. Dauphin qui était chez lui, gardé par un officier.

M. Dauphin alluma sa pipe, donna une poignée de main au Maire et aux personnes qui étaient venues accompagner les prisonniers, et les trois otages partirent avec *l'homme au lorgnon*, qui était chargé de les remettre à son *collègue* de Tours.

Les Prussiens sont très-vexés des témoignages de sympathie, dont MM de Marsay, Beaussier et Dauphin ont été l'objet à leur départ. — Ils ont un peu honte de ce qu'ils font, mais il y a des ordres sérieux, à ce qu'il paraît. Le colonel est contrarié, et sent bien que ce qu'on le force à faire est inutile et odieux ; et l'on dit tout bas qu'il a retardé cette *exécution* tant qu'il a pu, et qu'il a même été blâmé..... L'administration s'aperçoit de plus en plus qu'il agit avec beaucoup de bienveillance et de mesure. C'est le seul qui, au milieu de ces bandits, montre quelque sentiment d'humanité et de loyauté.

Avant-hier (22 février), dans la matinée, le bruit a couru parmi les Prussiens que la paix était signée ; ils étaient tous enchantés.

A quatre heures du soir, c'était le contraire. La guerre allait continuer. Ils étaient consternés, quelques uns p'euraient : « — A Bordeaux, disaient-ils, à Bordeaux ! tuer partout ! Malheur France ! Cachez les petits enfants dans les caves ! Malheur ! malheur ! »

A six heures, le vent est revenu à la paix, les cavaliers rentrent en ville en criant hurrah ! Tous son· radieux : « Ah ! bôn francis, la paix ! Amis à présent ; moi pas tuer vous, vous pas tuer moi ; moi boire avec vous pour paix ! Trinquons ! »

Nous ne sommes pas si joyeux que ça ....

—   .

26 FÉVRIER.

Réunion de maires des environs qui viennent s'entendre pour savoir si l'on doit payer les sommes réclamées par les Prussiens pour la contribution du département.

La municipalité de Loches résiste toujours, malgré les mesures de rigueur, prétendant que les réquisitions en nature qu'elle a fournies dépassent sa part contributive. D'autres suivent cet exemple. D'autres paient, espérant se débarrasser des contributions en nature, ce qui n'empêche pas les uhlans d'aller le lendemain faire des réquisitions dans la commune.

D'autres enfin prétendent être dans la zône neutralisée, et ne rien devoir, mais on est loin de s'accorder là-dessus.

Cette résistance de notre part n'est pas sans motifs. Le maire a fait demander au Gouvernement si, d'après l'armistice, les Prussiens sont en droit de lever des contributions de guerre. La difficulté était de faire parvenir cet e dépêche puisque toutes les communications sont coupées. M. le comte Octave de Menou s'en est chargé. Il est allé jusqu'à Busançais où les communications télégraphiques existent encore. La réponse tardant à arriver, M. Paul Schneider qu'on avait aussi informé de nos démarches alla lui-même au ministère. On lui répondit que la prétention Prussienne était contraire au droit et aux conventions de l'armistice; qu'il fallait ne pas payer et dans tous les cas gagner du temps, que cependant si les insistances devenaient trop vives nous pouvions, pour nous en débarrasser, payer une somme qui ne dépassât pas le dixième des contributions ordinaires.

M. Schneider a envoyé cette réponse à M. de Menou qui était resté deux jours à Busançais et qui a pu la faire parvenir à Loches.

On disait que les Prussiens se disposaient à
emmener d'autres otages aujourd'hui, mais il n'en
a pas été question.

—

27 FÉVRIER.

C'était hier 26, à minuit que l'armistice expirait
Toute la journée on est resté dans le doute.
Les Prussiens assurent que l'armistice ne sera
pas prorogé, mais ils ne disent rien de la con-
clusion de la paix. Les bruits les plus contradictoires circulent.
A quatre heures du soir on publie l'avis, qu'à
partir de onze heures les portes des maisons où
sont logés les soldats doivent rester ouvertes toute
la nuit. Cela inquiète un peu, et les habitants
redoutent quelque tentative de pillage ; mais
cette émotion se calme peu à peu.
Dans la soirée, de nombreuses patrouilles à pied
et à cheval parcourent toutes les rues, les unes
partant quand les autres reviennent. Des fantas-
sins isolés, le fusil sur l'épaule, font faction dans
diverses rues, sans qu'on s'en aperçoive. D'autres
circulent sans armes, mais par groupes nombreux. Le poste est au Palais-de-Justice, et un
autre a été placé se soir à la Mairie. Tout est tranquille du reste ; les officiers sont au café.
A minuit rien de nouveau. La ville est dans le
plus grand calme. Quelques fenêtres restent éclai-
rées La nuit se passe tranquillement.

—

M. le comte de Menou rapporte de Busançais
la dépêche suivante du préfet de l'Indre aux
sous-préfets et maires de son département :

Châteauroux, 26. 8 h. 30, soir.

Je reçois à l'instant la dépêche suivante :

« Nous sommes d'accord sur les préliminaires
« de paix... Ordres donnés pour s'abstenir de toute
« reprise d'hostilité-.

« J. Simon »

—

28 FÉVRIER.

L'infanterie est partie ; elle a été immédiatement remplacée par d'autres soldats du même
régiment (16e) venant d'Amboise. Toutes les
troupes paraissent se masser vers Sainte-Maure
et sur la limite de la zone neutre.

Il nous reste encore des uhlans et des soldats
isolés de différentes armes.

—

1er MARS.

MM. de Marsay, Beaussier et Dauphin ont été
relâchés hier 28 février à cinq heures. Voici
comment M. Dauphin m'a raconté les événements
de la captivité.

« En arrivant à Tours, l'homme au lorgnon nous
conduisit directement à l'hôtel de ville, pour
nous remettre aux mains de son confrère,
M. Vert-de-Gris; comme celui-ci était absent, il
nous remit en consigne au poste, et nous souhai-
tant le bonsoir, il s'en alla dîner, car il avait *beaucoup* *besoin*.

« Nous aussi, nous n'avions pas mangé depuis
le matin, et il commençait à se faire tard.

« Le sieur Vert-de-Gris arriva. Nous ne le
connaissions pas, et ce fut seulement après qu'il
eût fumé deux cigares à notre nez, qu'il daigna

nous dire qu'il était l'aide-de-camp du général.
et que nous avions affaire à lui.

« Nous demandâmes à être conduits à l'hôtel.

— Non ! hôtels réservés pour officiers. Vous
loger Grande-Rue chez l'habitant.

« M. Beaussier dit alors que sa mère habitait
Tours, et demanda que nous fussions conduits
chez elle.

« L'officier y consentit. Il nous fit signer un
engagement de nous considérer comme prisonniers sur parole et de ne point chercher à fuir.

« Nos signatures données, on nous fit l'honneur
de quatorze hommes d'escorte pour nous conduire
chez Mme Beaussier, place d'Aumont. La parole
que nous avions donnée de ne point chercher à
fuir n'avait pas sans doute paru une garantie suffisante au Prussien. On est toujours porté à juger
les autres d'après soi ; et deux sûretés valent
mieux qu'une.

« A notre arrivée, la maison de Mme Beaussier
était pleine de Prussiens, et notre escorte porta
l'effectif de la garnison à vingt-six hommes environ. C'est ainsi que nous fûmes gardés pendant
cinq jours.

« Le sergent qui commandait notre garde,
visita la chambre qu'on nous destinait, — une
mansarde, car tout le reste était occupé, — et
après s'être assuré qu'elle n'avait pas de double
fond et que l'évasion était impossible, il mit une
sentinelle à la porte, avec la consigne de ne laisser descendre qu'un prisonnier à la fois, et de ne
laisser aussi entrer qu'une personne à la fois
dans notre appartement.

« Il était à peu près neuf heures du soir.
M. Beaussier descend et dîne. Quand il est
rentré dans la chambre, le second veut descendre
à son tour, mais la sentinelle barre le passage :

— *Nix manger ! un seulement, nix deux !*

« Il fallut faire venir un sergent-major pour faire entendre raison à la brute.

« Pour éviter cela, on nous servit depuis dans notre c'ambre, ce qui nous fut très-agréable.

« Le matin, un sous-officier venait nous compter, pour s'assurer que nous ne nous étions pas envolés, malgré notre engagement d'honneur, notre sentinelle, et nos quatorze hommes d'escorte.

« On nous demandait si nous avions besoin de quelque chose, et si nous avions des communications à faire au général. Nous répondions invariablement : « Nous n'avons besoin de rien, et nous n'avons rien à faire dire au général. »

« On nous proposa un jour de nous laisser sortir dans la ville, un à un, et sous escorte ; nous refusâmes.

« Enfin, hier 28, on a retiré le poste qui nous gardait, et on est venu nous chercher pour aller *à la place*. En arrivant, nous avons retrouvé le *Vert-de-Gris*, qui nous a annoncé que la paix était signée, et que nous étions libres ; et il a ajouté le plus gracieusement qu'il a pu, qu'il espérait ne pas nous revoir. — Nous avons répondu que ce désir était bien partagé. Puis, comme il avait égaré l'engagement qu'il nous avait fait signer, il nous a donné un laisser-passer constatant que nous étions libres d'aller où nous voulions. »

---

3 MARS.

Nous avons appris hier soir la signature de la paix.

Beaucoup de soldats ivres. L'un d'eux a grièvement blessé plusieurs personnes inoffensives au faubourg de la Porte-Poitevine. Un sieur Jamet a reçu *dans son lit* un grand nombre de coups de sabre, dont un à la tête. Il est en danger de mort.

Le fait a été immédiatement signalé aux officiers afin d'en obtenir réparation

—

5 MARS.

Un ministre protestant est arrivé hier accompagné de son *chanton* (chantre).

Il est venu à la mairie avec un sous-officier d'artillerie qui devait lui servir d'intermédiaire, pour demander à quelle heure il pourrait célébrer son service dans l'église du château. On lui a répondu que cela regardait M. le curé, qui verrait à cet égard le général.

— Dites : « *monsieur* le général. » réplique l'artilleur.

— En France, a répondu M. Chaisemartin qui se trouvait là, nous disons simplement « le général, » et nous ne changerons pas les habitudes françaises pour prendre les vôtres.

Et comme il paraissait ne pas comprendre, M. Chaisemartin lui a répété la phrase en allemand.

On est allé trouver M le curé. Le Prussien paraissait fort en colère, disant que si on refusait, le général ferait enfoncer les portes de l'église, et autres amabilités de ce genre.

M. le curé était sorti. Le Prussien crut que ce n'était pas vrai, et qu'on voulait l'empêcher de le voir. Il dit qu'on le faisait exprès, et qu'il allait faire au général son rapport sur la mauvaise volonté qu'on lui manifestait.

« Et moi, dit M. Chaisemartin, je vais aller trouver le général et lui dire que vous êtes un insolent. »

Après une entrevue entre le général. le curé

et le ministre, l'affaire s'est arrangée sans accident. L'église a été réservée pour le culte auquel elle est consacrée, et la cérémonie protestante s'est faite par un beau soleil sous le maronnier de la sous-préfecture.

—

6 MARS.

Les uhlans sont partis aujourd'hui. Ils ont été immédiatement remplacés par 510 hommes d'infanterie et une quinzaine d'officiers.

Un général est logé chez M. de Bridieu avec un aide de-camp, cinq ordonnances et six chevaux.

Le colonel est à l'hôtel de la Promenade, il lui faut, outre son logement, celui d'un aide-de-camp et de quatre ordonnances, un bureau et des écuries.

Chez Mme Lesourd, un chef de bataillon, un aide-de-camp, deux ordonnances, deux chevaux.

Les autres officiers sont répartis dans diverses maisons. Mais beaucoup s'installent sans façon là où ils se trouvent bien. Les soldats font de même, de sorte que bien des gens ont deux ou trois officiers au lieu d'un; les ordonnances suivent l'exemple des officiers, le nombre des chevaux augmente en proportion.

Dans une maison de la ville, les officiers ont écrasé sur le parquet le reste de leur dîner, et l'ont arrosé avec le vin qui restait dans les bouteilles.

—

7 MARS.

A partir d'hier, les fournitures faites aux troupes prussiennes seront payées par elles, ou déduites de l'indemnité de guerre.

Voici, à ce propos, une petite histoire qui
vient de m'être racontée:

Un officier prussien avait fait faire je ne sais
quel travail à un forgeron de la ville.

Le travail fait, l'officier se rend avec l'ouvrier
chez le maire, et lui dit :

« — Monsieur le Maire, payez s'il vous plaît
« quinze francs à cet homme, prix convenu.

« — Je le veux bien, dit le maire, mais don-
« nez moi quittance ; car depuis hier, tout ce
« qui vous est fourni, est au compte de l'armée
« prussienne, et doit être déduit de l'indemnité
« de guerre.

« — Ah ! depuis hier, c'est nous qui
« payons ?....

Et sans transition, brusquement, se tournant
vers l'ouvrier:

« — Alors, deux thalers seulement (7 fr.
50 centimes).

« — Mais, dit cet homme, c'est un prix
« convenu ! vous m'avez dit 15 fr., payez
« 15 fr. »

« — Plus que 5 fr. maintenant ! c'est bien
« assez ! Monsieur le maire, je vais vous faire
« une quittance de 5 fr.

L'ouvrier partit en remportant son ouvrage.

Fides punica. — Honnêteté prussienne.

———

Les réquisitions de voitures continuent.

Les logements sont dans un état de saleté in-
croyable. Les cours du Palais-de-Justice sont
inabordables.

Leurs procédés et leur odeur, tout cela est
infect.

———

On croyait qu'on allait en être débarrassé...

voilà qu'il arrive encore aujourd'hui cent quatre-
vingts uhlans !

Le dégoût et la lassitude augmentent de plus
en plus.

—

Passage d'un régiment de cuirassiers blancs,
ils font halte de quelques minutes devant le Palais-de-Justice, et partent immédiatement.

—

7 MARS.

Plusieurs officiers d'infanterie ont fait entre
eux une collecte qui s'est montée à 60 fr. Cette
somme a été remise par eux au maire avec
prière de la faire parvenir à l'homme qui a été
si grièvement blessé par un de leurs soldats.

—

8 MARS.

Avant de partir, le colonel a écrit au maire
une lettre en allemand dont voici la traduction :

Monsieur,

Après que moi et une grande partie de mon
régiment, sommes restés quatre semaines dans
votre belle ville de Loches, si intéressante par
ses monuments historiques, je ne saurais man-
quer d'exprimer, au moment du départ, aux
autorités et aux habitants de cette ville, mes
chaleureux remerciements pour votre manière
d'agir, pleine de tact dans des circonstances si
difficiles et pour le bon vouloir et la promptitu-
de mise par vous à satisfaire pour le mieux aux
besoins des troupes.

Notre séjour à Loches nous restera à tous un
souvenir agréable.

Avec les meilleurs vœux pour la prospér té de

la ville, je vous adresse l'expression de ma dé-
vouée et haute considération.

VON KLEIST,

Lieutenant colonel, et commandant du
2ᵉ pomeraniens de uhlans, nᵒ 9.

—

8 MARS.

Ils sont enfin partis !!
N'en parlons plus.....
Mais il viendra un jour où nous nous sou-
viendrons.

—

8 MARS (soir).

Ce soir, est arrivé le 43ᵉ de ligne; cette fois,
du moins, ce sont des soldats français !

Le maire est allé au-devant d'eux sur la route
de Ligueil. Le sous-préfet, les magistrats, les
membres de la commission municipale, et une
foule nombreuse s'était jointe à lui.

On y allait librement, cette fois, et de grand
cœur.

Quand on vit arriver ce pauvre régiment, ré-
dait à douze cents hommes, sans drapeau,
silencieux, fatigué, poudreux, tout le monde
fut pris d'un sentiment de pitié.

Le maire s'approcha du colonel, et lui dit en
lui serrant la main :

« — Quelque douloureuses que soient les
« circonstances dans lesquelles nous nous ren-
« controns, Monsieur le colonel, je suis heureux
« de vous dire, au nom de la ville, que vous êtes
« les bienvenus.

« — Merci, Monsieur, dit le colonel, visible-
« ment ému, merci de votre accueil. Nous ne
« sommes plus habitués à être si bien reçus....
« Encore une fois, merci. »

Puis il fit battre les tambours et sonner les clairons, — un tambour par-ci, un clairon par-là, — et le régiment entra en ville, traînant un peu la jambe, mais la tête levée et le cœur content.

Edmond GAUTIER.

FIN.

102. — Tours, Imp. Ladevèze, rue Chaude, 4.

www.ingramcontent.com/pod-product-compliance
Lightning Source LLC
Chambersburg PA
CBHW060742280326
41934CB00010B/2323